TABLEAU HISTORIQUE

DES DESCENTES ET DE L'ÉTABLISSEMENT

DES SARRAZINS

EN PROVENCE ET EN ITALIE.

TABLEAU HISTORIQUE

DES DESCENTES ET DE L'ÉTABLISSEMENT

DES SARRAZINS

EN PROVENCE ET EN ITALIE,

PENDANT

LES IXᵉ. ET Xᵉ. SIÈCLES,

Fragment extrait de l'*Histoire générale du Moyen âge*,

PAR M. DESMICHELS,

RECTEUR DE L'ACADÉMIE D'AIX ;

ANCIEN PROFESSEUR D'HISTOIRE AUX COLLÉGES ROYAUX D'HENRI IV. ET DE BOURBON.

PARIS.

IMPRIMERIE ET FONDERIE DE FAIN,

RUE RACINE, Nº. 4, PLACE DE L'ODÉON.

1831.

TABLEAU HISTORIQUE

DES DESCENTES ET DE L'ÉTABLISSEMENT

DES SARRAZINS

EN PROVENCE ET EN ITALIE,

PENDANT

LES IXe. ET X^e. SIÈCLES.

Aussi long-temps que l'islamisme menaça d'envahir l'Europe avec des armées régulières, le danger fut grand sans doute, mais il était prévu, et dès lors moins à craindre. Byzance opposait au belliqueux fanatisme des Arabes ses barrières naturelles, la force de ses remparts et le fer des barbares qu'elle pouvait encore soudoyer. L'Occident fut sauvé par la plus brave des tribus germaniques et la seule qui n'eût pas encore dégénéré de ses ancêtres. Mais lorsque Charles-Martel défit Abdérame, l'empire carlovingien était à son âge d'héroïsme; il tombait en dissolution, lorsque d'autres Sarrazins vinrent lui livrer sur toutes les côtes de la Méditerranée des assauts d'autant plus dangereux qu'ils étaient toujours soudains et quelquefois simultanés.

L'empire des Francs, on peut dire la chrétienté romaine, pouvait se trouver en contact avec les Musulmans par trois points, l'Italie, la Provence et l'Aquitaine. Mais les conquêtes de Pepin et de Charlemagne avaient donné à l'Aquitaine les Pyrénées pour rempart, et pour défenseurs les comtes des Marches espagnoles. Ces gardiens de la frontière, en faisant servir à leur indépendance les pouvoirs dont ils étaient revêtus, remplirent toutefois l'objet de leur institution. Pendant qu'ils défendaient les provinces dont ils avaient fait leur patrimoine, les populations placées derrière eux n'eurent rien à craindre de l'ennemi commun. La valeur opiniâtre des Basques seconda leurs efforts; et, lorsque les habitans de la Navarre se furent détachés de l'empire franc pour se donner des rois nationaux, ces princes continrent les Sarrazins au delà de l'Ebre, pendant que les comtes de Barcelone détruisaient peu à peu les restes de la domination musulmane sur la rive gauche de ce fleuve. Plus loin, les descentes des Asturiens dans la plaine, et surtout leurs incursions si glorieuses sous le règne de Ramire I, firent une puissante diversion aux armes musulmanes. Enfin, les divisions qui déchirèrent si long-temps le khalifat de Cordoue, ne permirent pas aux émirs Al-Moumenim de venger sur les descendans de Charlemagne les affronts qu'ils

3

avaient reçus de ce conquérant. C'en était fait de l'empire franc, si, au milieu de l'anarchie qui l'agitait, l'union eût régné parmi les Sarrazins espagnols, et si leur guerrière ferveur ne s'était pas éteinte. Mais si les rois carlovingiens avaient sur la frontière des comtes insubordonnés, les khalifes y trouvaient souvent des émirs rebelles ; Abdérame II rencontra des Francs sous les bannières du traître Musa qui s'était révolté contre lui (847), et Charles le Chauve s'indigna d'avoir à combattre les Musulmans, lorsqu'il voulut réduire Pepin II d'Aquitaine et Guillaume de Barcelone. Le monarque chrétien ne put empêcher les Infidèles de ravager l'Aquitaine, pendant que leurs navires remontaient le Rhône jusqu'à Arles, et livraient au pillage cette cité encore florissante. Mais ce fut là le dernier succès des armes musulmanes en deçà des Pyrénées. Non-seulement ils furent obligés de repasser précipitamment ces montagnes, mais ils ne purent défendre le comte de Barcelone dans sa propre ville, dont la félonie de ce vassal leur avait ouvert les portes. Guillaume périt sur l'échafaud, et les Sarrazins, conduits par Abdoul-Kerim, vinrent deux ans après châtier la cité qui n'avait pu empêcher ce supplice (852). Mais Barcelone devait désormais opposer à leurs efforts une insurmontable barrière (1), et un traité conclu en 864 rétablit la paix entre Charles le Chauve et Mohammed Ier. Le roi de France promit de ne plus

____

(1) *Annal. Bertin.*, an. 847, 849, 850, 851, etc.

1.

favoriser les rébellions chrétiennes en Espagne, et le khalife renonça sans doute à la souveraineté de Barcelone et des autres cités catalanes. Mais si dès ce moment les Sarrazins d'Espagne ne firent plus aux rois de France une guerre immédiate et régulière, des incursions passagères les amenèrent encore à plusieurs reprises en deçà des Pyrénées, puisqu'en 876 l'archevêque de Bordeaux Frothaire, et plus tard l'évêque de Dax, désertèrent leur diocèse pour se soustraire aux dangers qui menaçaient les pasteurs opulens plus encore que leurs indigentes ouailles (1).

Sarrazins dans les îles.

Dans le temps où les provinces voisines des Pyrénées cessèrent d'être inquiétées par les Musulmans, d'autres parties de l'empire carlovingien se trouvèrent plus que jamais exposées aux ravages de leurs forbans. Ce n'était plus seulement les Sarrazins espagnols qui désolaient les côtes de la Provence et de l'Italie. La piraterie africaine, dont la destruction de Carthage avait purgé la Méditerranée, infestait de nouveau cette mer depuis que les Vandales avaient conquis cette puissante rivale de Rome; et, lorsque les Arabes eurent mis sous leurs lois tout le littoral africain, leur activité vagabonde se partagea entre le désert et la mer. Dès lors la navigation fut à peu près nulle, et les côtes restèrent sans défense. L'in-

---

(1) *Propter infestationem paganorum.* (*Ann. Bertiniani,* an. 876.)—*Johannis, papæ* VIII, *Epist.*, tom. VII, pag. 466. — *Frodoardi Histor.*, lib. IV, c. 21.

terruption des relations commerciales obligea les pirates de venir chercher leur butin sur les côtes, au lieu de l'attendre au passage.

Les grandes îles de la Méditerranée, restées les premières sans protection, tombèrent aussi de bonne heure au pouvoir des Sarrazins; et si Charlemagne les affranchit de leur joug, cette délivrance ne devait pas durer aussi long-temps que la puissance qui l'avait accomplie, puisque, dès l'an 810, les Sarrazins s'établirent de nouveau en Corse et en Sardaigne. Le pillage de Nice et de Centumcelles, qui affligea les derniers momens de ce grand monarque, présageait de plus graves injures à la dignité impériale. En 815, un an après la mort de Charlemagne, les députés de Cagliari imploraient à Aix-la-Chapelle la protection de Louis le Débonnaire, en faveur de leur cité menacée par les Sarrazins (1). Nous ignorons si cette protection s'étendit jusqu'à eux, mais elle leur fut au moins d'un faible secours, puisque les navires de la Sardaigne ne pouvaient traverser sans danger la mer qui sépare cette île de l'Italie. La perte de ceux qui tombaient entre les mains des pirates excitait à la cour de Louis une pitié presque toujours impuissante. Cependant la marine carlovingienne se signala par une entreprise hardie, sous les auspices d'un marquis de Toscane, qui joignait à son gouvernement l'île de Corse récemment conquise par le comte de

(1) *Annal. Eginhard*, an. 815 et 820.

Gênes, Boniface et son frère Bérard résolurent d'aller chercher les pirates jusque dans leurs repaires. Ils descendirent d'abord dans l'île des Sardes où ils trouvèrent des pilotes amis qui les guidèrent vers la côte africaine. Les Francs, débarqués entre Utique et Carthage, livrèrent cinq combats heureux aux Maures accourus sur le rivage (1); mais que pouvait le courage d'une poignée de guerriers contre une multitude d'ennemis toujours renaissante? L'expédition d'Afrique ne fut et ne pouvait être qu'une saillie d'audace, et un louable essai de représailles que les côtes de France devaient bientôt expier.

Depuis que les Infidèles avaient dévasté le monastère de Lérins, détruit les colonies marseillaises d'Antipolis, d'Héraclée et d'Olbia (2), un siècle s'était écoulé pendant lequel la Provence disparaît de l'histoire (3). Ses évêques ne se montraient plus dans les conciles; et, si l'on en excepte des ducs d'Arles, on ne retrouve nulle part aucune mention des magistrats qui ont dû gouverner cette contrée. Il semble qu'elle n'existait pas ou qu'elle ne méritait pas de fixer l'attention ni des rois ni des historiens. Croirait-on qu'il fut un temps où la

Descentes
en Provence.

(1) *Astronomus, de Vitâ Ludov. Pii*, c. 42.

(2) Antibes, Saint-Tropez et Hyères ou Eoube.

(3) Les faits peu nombreux et incertains qui se rapportent à l'occupation de la Provence, en 737, sont racontés dans le tome Ier. de cette Histoire.

colonie de Phocée, qui jadis avait disputé à Carthage l'empire de la Méditerranée, occupait moins de place dans la pensée royale qu'une bourgade de la Thuringe ou une métairie des bords du Rhin? Il en était ainsi pourtant ; et si, dans l'histoire de Charlemagne et de ses descendans, quelques documens articulent de loin en loin le nom de Marseille, ce n'est que pour attester les libéralités faites à ses moines par de pieux monarques, ou le pillage de ses églises par les mécréans (1). Quant aux villes de la seconde Narbonnaise, ni les titres officiels de cette époque, ni les témoignages des annalistes, ni même les souscriptions des conciles n'en rappellent le souvenir (2).

Que faut-il conclure de ce silence? De deux choses l'une, ou que le littoral de la Méditerranée était réduit en solitude jusque dans l'intérieur des terres, depuis l'époque où Charles-Martel y combattit les Musulmans sans pouvoir les détruire, ou que ces Infidèles occupaient déjà la côte qui s'étend de Toulon à Nice. Toutefois cette dernière hypothèse paraît contraire au témoignage des chroniques qui désignent l'année 888 comme l'époque où les Sarrazins d'Espagne et d'Afrique recommencèrent leurs déprédations en Provence. Mais peut-on

______

(1) *Caroli Magni et Ludov. Pii diplom.*, tom. V et VI. — *Annal. Bertin. passim.*

(2) *Concil. Pontigon.*, an. 876; *Arelat.*, an. 878; *Mantal.*, an. 879.

croire que le premier essai de ces pirates fût une attaque contre Marseille, et n'est-il pas plus naturel de penser que les auteurs contemporains ne nous ont fait connaître que les descentes dirigées contre les deux grandes cités de la contrée, Marseille et Arles ? La première de ces villes fut pillée deux fois en peu d'années, si nous en croyons le moine de Saint-Bertin, qui recueillait à deux cent cinquante lieues de là les exagérations de la renommée (1). Des traditions locales, plus dignes de foi, disent que les Sarrazins furent d'abord repoussés de la vallée de Séon où ils venaient de descendre, et que dix ans après ils brûlèrent dans les faubourgs de la ville le monastère de Saint-Victor, ainsi que le couvent de Saint-Sauveur dont ils mutilèrent les religieuses (2).

La cité d'Arles ne fut pas exposée à de moindres insultes; et l'île de la Camargue, au lieu de défendre aux pirates l'entrée du Rhône, leur servit de place d'armes pour l'attaque et de retraite en cas de revers (3). Il paraît qu'ils s'y établirent en 842, lorsque, pour la première fois, ils vinrent piller Arles qui ne trouva pas de défenseurs à leur opposer (4). Il n'en fut pas de même quelques années après, s'il

---

(1) *Annal. Bertin.*; an. 838 et 848.

(2) Ils les renvoyèrent après leur avoir coupé le nez, ce qui fit donner aux filles de ce couvent le surnom de *Denarrados*, qui s'est perpétué jusqu'à nos jours.

(3) *In quâ Sarraceni portum habere solebant.* (*Annal Bertin.*, an. 860.)

(4) *Nullo obsistente.* (*Annal. Bertin.*, an. 842.)

est vrai, comme l'attestent les archives de la ville, que Gérard de Roussillon préluda aux exploits de sa vie héroïque par une victoire sur les Sarrazins qui furent surpris à Montmajor et chassés d'un camp fortifié, dont on voit encore les traces sur la colline de Corde (Cordoue). Les fortifications que l'archevêque Rolland construisit dans la Camargue pour arrêter les Northmans et les Sarrazins ne servirent qu'à inspirer à ce prélat une sécurité dont il fut victime (1). Toutefois le Rhône fût désormais fermé aux pirates musulmans, qui semblèrent tourner tous leurs efforts contre la partie de la Provence qui forme aujourd'hui le département du Var.

Les infestations des Infidèles servirent de prétexte à l'élection du roi Boson et lui donnèrent le caractère de ces nécessités publiques qui légitiment les grandes dérogations à l'ordre légal. Elles furent aussi alléguées dans la proclamation du concile de Valence, qui déféra la couronne de Provence au fils de Boson (890). Il est à remarquer que ni l'archevêque d'Aix, ni aucun de ses suffragans ne se trouvèrent à cette assemblée où s'étaient rendus tous les métropolitains de la Cisjurane; leur absence attesta mieux encore que les déclarations du concile la désolation de la Provence (2).

Les deux héros qui avaient jusque-là défendu ses rivages venaient de descendre au tombeau. Gérard

---

(1) *Annal. Bertin.*, an. 869, tom. VII, pag. 107.
(2) *Concil. Valent.*, tom. IX, pag. 315.

de Roussillon s'était condamné à la mort du cloître, dans son monastère de Vézelai, survivant ainsi à sa défaite et à sa gloire; et la mort naturelle de Boson avait invité les Infidèles à reparaître sur nos côtes, non plus pour les livrer à une dévastation passagère, mais pour s'y établir en conquérans et en maîtres. C'est ainsi, sans doute, qu'il faut expliquer la coïncidence de ces deux événemens arrivés la même année (888); à moins qu'on n'aime mieux, avec Luitprand, attribuer au caprice des vents l'établissement le plus durable des Musulmans dans l'empire de Charlemagne.

Colonie de Fraxinet, 888. — Si nous en croyons cet historien, vingt Sarrazins partis d'Espagne sur une frêle barque, furent poussés sur la côte de Provence, et surprirent le village de Fraxinet, dont ils prirent possession après en avoir égorgé tous les habitans (1). Cette position presque inaccessible, adossée à une immense forêt qui a retenu le nom de ses hôtes mauritaniens, leur parut propre à une station de pirates; et lorsque les Sarrazins eurent reconnu que les habitans du pays, abandonnés à eux-mêmes par suite de la dissolution

(1) Aujourd'hui la Garde-Fraisnet et non Frassineto, comme on le trouve dans quelques auteurs, ni Fresne, comme l'entend le traducteur de Muller. M. de Sismondi pourrait induire en erreur en plaçant ce lieu au pied du *Monte-Mauro*, qui n'existe pas sous ce nom, et qui n'est autre que la *forêt des Maures*, qui s'étendait alors depuis Hyères et la montagne de la Sainte-Baume jusqu'au delà de Fréjus.

sociale, se pillaient et s'égorgeaient entre eux, ils appelèrent de nouveaux aventuriers, leur promettant
une facile conquête. Devenus chaque jour plus nombreux, ils aidèrent les indigènes à se détruire et à
réduire en désert cette terre fertile (1). Le ravage, la
mort, la destruction, voilà par quels moyens la colonie de Fraxinet parvint à s'isoler du côté de la terre,
pendant que la mer lui était toujours ouverte.

Dès lors une grande partie de la Provence porta
le joug d'une domination étrangère, qui avait sans
doute quelques formes de gouvernement, et qui paraît
avoir été une démocratie militaire. Mais nous ignore-
rons toujours si la colonie de Fraxinet eut un chef
unique; si ce chef recevait ses pouvoirs du khalife de
Cordoue ou des rois africains; si les Sarrazins de
Provence apportèrent sur nos rivages leur culte et
leur Coran; enfin, s'ils s'unirent par des mariages
avec les femmes indigènes, comme l'assure un ancien auteur (2). Les historiens musulmans ont ignoré
complètement la conquête de la Provence par les
Sarrazins, et nos annalistes n'ont connu de ces barbares que quelques violences sans suite et sans combi-
naison. Chose étrange, que nous ne puissions citer
le nom de pas un des chefs de cette république militaire, qui a subsisté pendant près d'un siècle dans
une partie de nos provinces!

____

(1) *Luitprandi histor.*, lib. .., c. .. — *Sigib. Gembl. chron.*,
tom. VIII, pag. 307.

(2) *De casib. monast. S. Galli.*

Si, à l'époque de la conquête sarrazine, la cité de Fréjus avait encore possédé quelques restes de son ancienne prospérité, sa position, à l'entrée des montagnes et du val d'Argens, aurait protégé l'intérieur des terres et arrêté dans ses premiers progrès la naissante colonie. Mais ses remparts tombés en ruines ne purent la défendre contre les torches musulmanes, et la flotte romaine qui était dans son port se déroba à l'incendie par une prompte fuite (1). Pour la dernière fois, sans doute, des navires sortirent de ce port désormais abandonné aux alluvions des torrens et aux atterrissemens sablonneux de la Méditerranée. La ruine de Fréjus laissa sans défense les défilés qui donnent passage en Italie; et, vers l'an 902, les pirates de Fraxinet, franchissant les Alpes maritimes, allèrent épouvanter l'Italie par l'incendie d'Aqui et de plusieurs autres villes. Personne n'osait tenir tête à ces barbares, et les positions les mieux fortifiées inspiraient seules quelque confiance aux habitans (2).

---

(1) Tradition locale. Cette flotte romaine pouvait être celle de Constantinople ou de Naples. On sait que, pendant le moyen âge, *Grec* et *Romain* sont souvent synonymes.

(2) *Post labefactionem Provincialium, quasdam summas Italiæ partes sibi vicinas non mediocriter laniabant, adeò ut, depopulatis pluribus urbibus, Aquas venirent... Tantus timor invaserat universos ut nullus esset qui horum præsentiam nisi fortè tutissimis præstolaretur in locis.*

Une fois que les Sarrazins se furent arrêtés dans
les Alpes, ils reconnurent l'importance de ces montagnes, qui, en leur donnant les moyens de désoler
l'Italie, la Bourgogne et même la Souabe par des
incursions subites, leur offraient en même temps
un sûr asile en cas de défaite. Pendant plus de cinquante ans ils en occupèrent tous les passages,
interrompant ainsi les relations commerciales des
trois grandes nations que séparent les Alpes. Plusieurs caravanes de pèlerins, la plupart Anglo-Saxons,
avaient péri sous les coups des Sarrazins, avant que
ces ennemis du nom chrétien s'avisassent de mettre
à rançon la piété courageuse des fidèles, qui allaient
chercher à Rome des indulgences plus précieuses à
leurs yeux que tous les trésors (1). Ils occupèrent
long-temps le monastère fortifié de Saint - Maurice
regardé comme le chef-lieu de la Bourgogne trans-
jurane; et l'Helvétie, ainsi que la Provence, présente
encore sur divers points des traces du séjour des
Musulmans (2). Que serait devenue la civilisation
européenne, si les Northmans du Rhin, remontant

(*Luitpr. histor.*, lib. ii, c. 11.) — C'est sans doute l'identité
des noms latins qui a fait croire à M. Millin qu'Aix fut pillé
à cette époque. (*Voyage dans le midi*, tom. II.)

(1) *Viæ Alpium à Sarracenis obsessæ, à quibus multi
Romam proficisci volentes, impediti revertuntur.* (*Frodoardi
Chronic.*, an. 929.) Voyez aussi aux années 921, 922, 931,
933, 936, 940, 951, 972, etc.

(2) Le *Mur des Sarrazins* près des ruines d'Avenches,

ce fleuve jusqu'à sa source, eussent rencontré sur le Saint-Gothard les Sarrazins et les Hongrois qui venaient d'y pénétrer par les bassins du Rhône et du Danube, et si tous ces barbares s'étaient ligués ensemble pour anéantir le christianisme? Heureusement il n'en fut point ainsi. Les montagnes, qui auraient pu devenir la ruine de la chrétienté, en firent le salut. Cette citadelle de rochers, que la nature a placée au milieu de l'Europe, vit expirer à ses pieds la barbarie africaine et la férocité asiatique.

La présence des Musulmans dans les Alpes apporta un obstacle imprévu aux desseins héréditaires des rois bourguignons sur l'Italie, et contribua puissamment à la dissolution féodale du royaume d'Arles. L'ambition du roi Hugues en reçut une atteinte mortelle. Vainement il avait essayé de frapper au cœur la puissance de ces pirates des montagnes; les précautions qu'il prit pour y réussir attestent la puissance de la colonie musulmane, et l'importance qu'il mettait à la détruire. Comment aurait-il pu n'être pas alarmé, lorsque, indépendamment des périls qui menaçaient l'Italie de la part des émirs de Sicile, ses deux royaumes se trouvaient séparés par

---

Maurmont, Maurofonte, etc. (Voyez Muller, *Histoire des Suisses*, tom. II, pag. 117.

Je crois que les *cabanes des païens* (heiden Hütten), dont on voit encore des traces dans les Hautes-Alpes suisses, doivent être rapportées aux Sarrazins, et non au paganisme de l'antiquité.

les Sarrazins de Fraxinet bien plus encore que par les Alpes; lorsque dans la même année ils se répandaient en dehors de la frontière helvétique; qu'un de leurs chefs, nommé Saïd, portait de nouveau la dévastation jusque sous les murs d'Aqui, et qu'enfin une flotte africaine enlevait les richesses de Gênes après le massacre de ses habitans (1) ?

Hugues, ayant résolu de forcer les Sarrazins dans leur repaire de Fraxinet, sollicita l'appui de la cour de Byzance, la seule puissance chrétienne dont les vaisseaux pussent tenir la mer contre les Musulmans; et l'union de sa fille Berthe avec le petit-fils de l'empereur Romanus Ier. scella une alliance qui semblait annoncer la ruine de la colonie sarrazine. En effet, les navires grecs, armés du feu inextinguible qui les rendait si redoutables, incendièrent les galères musulmanes dans le golfe Sambracitain, et les guerriers de Hugues se rendirent maîtres du château de Fraxinet, que les Sarrazins abandonnèrent lorsqu'ils virent la mer fermée à la fuite comme au secours (942). Mais le vainqueur n'osa poursuivre l'ennemi dans l'impénétrable forêt *des Maures*, et il jugea plus prudent de se faire des alliés de ces mêmes Sarrazins qu'il n'aurait jamais pu détruire, et dont l'invincible résistance lui aurait fait perdre quelques années plus tôt sa couronne d'Italie. Hugues leur offrit donc son amitié, à condition qu'ils dé-

---

(1) *Luitpr. histor.*, lib. IV, c. 2. — *Frodoardi Chronic.*, *an.* 936; tom. VIII, pag. 191.

fendraient les Alpes helvétiques contre son rival Bérenger, qui préparait dans la Souabe une attaque contre l'Italie (1). Les Sarrazins rentrèrent dans Fraxinet, et les querelles royales les laissèrent libres d'exercer leurs brigandages sur toute la chaîne des Alpes. Ils n'empêchèrent pas Bérenger d'aller disputer en Italie la couronne de fer; et, lorsque arrivèrent pour ce prince les jours d'infortune, Fraxinet offrit deux fois à son fils détrôné un asile et des secours contre le plus puissant monarque de l'Occident (2).

Le successeur de Hugues dans le royaume d'Arles, le *pacifique* Conrad, ne mérita que trop ce titre, qui n'était pas alors un éloge. Sous son règne, les Sarrazins conservèrent la plupart de leurs positions, malgré l'active et courageuse vigilance de sa mère, qui sut prouver en cette occasion que Berthe *ne filait pas* toujours (3). Cette reine fit bâtir pour leur résister la tour sans portes de Gourze, et plusieurs autres châteaux dont on voit encore les ruines (4). Conrad, assailli en même temps par les Musulmans de Provence et les païens de Hongrie réussit

---

(1) *Luitprandi histor.*, lib. v.

(2) *Alberici Triumfontium chronic.*, an. 964.

(3) Dans les anciennes provinces démembrées du royaume de Bourgogne, le proverbe : *au temps où Berthe filait,* est usité pour exprimer une époque de vertu et de bonheur. En Provence, on a substitué le nom de Marthe à celui de Berthe, sans autre raison que l'altération du mot.

(4) Muller, *Histoire des Suisses*, tom. II, pag. 117.

presque à les détruire par un stratagème qui ne fut peut - être que l'effet d'une rencontre imprévue. Un auteur crédule assure que Conrad mit aux prises ces deux peuples ennemis qu'il avait trompés par des promesses contraires d'alliance, et qu'après une bataille où ils épuisèrent leurs forces de part et d'autre, il écrasa sans danger et sans gloire les débris échappés au premier carnage (1).

Les seigneurs territoriaux du royaume d'Arles, qui travaillaient alors à consolider leur indépendance, imitèrent peut-être, en s'unissant aux Sarrazins, l'exemple de ces comtes français dont les usurpations trouvaient une garantie d'impunité dans la protection des pirates northmans. Quelques-uns, plus noblement intéressés, cherchèrent à se créer des principautés avec le secours de leur épée, en chassant les Sarrazins d'une bourgade, d'un canton ou d'une province. Tel fut l'évêque de Grenoble Izarn, qui, en 965, affranchit son beau diocèse de la présence des Infidèles avec le secours de ses vassaux et d'une troupe d'aventuriers accourus des contrées lointaines pour prendre part à la distribution des villages et des terres qui devait récompenser leur courage (2.) Tels furent surtout quelques héros qui réveillèrent dans le cœur des Provençaux la sainte horreur de la domination étrangère : saint Bobon , évêque de Sisteron, qui faisait la

---

(1) *De casib. mon. S. Galli*, an. 950, lib. IX, c. 6.

(2) *Deditque illis hominibus castra ad habitandum* (Salvaing, *Usage des fiefs.*)

guerre aux Infidèles par le glaive et par la parole; Boniface de Castellane, qui légua à ses descendans un glorieux patrimoine conquis sur les Sarrazins; Gibalin de Grimaldi, qui attacha le souvenir de ses exploits au golfe et au village qui portent encore son nom. Au-dessus de ces noms chers à la Provence, s'élève celui du comte Guillaume, qui acheva l'ouvrage de Charles-Martel, en chassant de nos rivages la plus sauvage des hordes musulmanes. Il mérita le titre de *Père de la patrie*, et sa gloire gît aujourd'hui presque ignorée dans les lieux mêmes qui en furent le théâtre!

Prise de Fraxinet, 972.

La Provence venait d'apprendre avec indignation l'outrage fait par les Sarrazins à l'un de ses enfans les plus illustres, à Mayeul de Valensoles, que son mérite et sa piété avaient fait abbé de Cluny. Ce saint personnage, en revenant de Rome, était tombé au pouvoir des Infidèles, et sa rançon avait épuisé le trésor de son monastère. La triste aventure de Mayeul fit grand bruit parmi ses concitoyens, et le désir d'en tirer vengeance contribua sans doute au patriotique effort des Provençaux pour l'affranchissement de leur patrie. Guillaume, aidé de son frère Ratbold (1), rallia sous ses drapeaux les seigneurs qui combattaient isolément pour défendre ou agrandir leurs domaines, et la colonie musulmane, frappée au cœur par la prise de Fraxinet, en 972, sembla s'engloutir dans la mer avec les

---

(1) *Chronic. Novalic.*

derniers guerriers qui défendirent ce château (1). Dès ce moment l'histoire ne fait plus mention des Sarrazins des Alpes. Ils perdirent leur force et leur audace lorsqu'ils ne virent plus que des ennemis entre eux et la mer, et la plupart reçurent le baptême pour échapper à la mort ou à l'esclavage. Ainsi, après deux siècles et demi de dévastations ou de continuelles terreurs, le sol de la vieille Gaule fut délivré de la présence des Musulmans qui avaient mis en péril le culte de l'Évangile, et effacé dans quelques provinces toute trace de civilisation.

Depuis ce temps la Provence n'eut plus à redouter de la part des Sarrazins aucune entreprise sérieuse. Mais leurs descentes fréquentes sur une côte mal défendue arrêtèrent dans ses développemens la prospérité de cette belle contrée. Le territoire de Toulon eut surtout à souffrir des attaques des forbans d'Afrique, jusqu'au jour où Louis XIV transporta dans cette ville l'arsenal maritime de la Méditerranée, et creusa ce beau port d'où nous avons vu sortir la flotte qui vient de foudroyer la piraterie dans son plus formidable asile.

Les Sarrazins, en se retirant, laissèrent un désert derrière eux. Mais ce désert, arrosé par mille ruisseaux, échauffé par le soleil d'Italie, et défendu contre les vents du nord par plusieurs enceintes de montagnes, ne demandait que des bras pour se

____

(1) *Glabri Radulfi histor.*, tom. VIII, pag. 239. — *Vita S. Mayoli*, tom. IX, pag. 126.

couvrir des riches cultures de l'Orient. Alors commença pour la Provence une seconde époque de défrichement, et, pour ainsi dire, une nouvelle création. Alors on vit renaître ces prodiges d'industrie agricole dont les laborieux Liguriens avaient autrefois donné le premier exemple à leur postérité. Les débris de l'ancienne population, qui s'étaient réfugiés sur les montagnes, redescendirent peu à peu dans les vallées; les laboureurs renoncèrent à d'ingrates cultures qui ne payaient pas leurs sueurs, et bientôt les terres qu'un travail assidu retenait avec peine sur le penchant des côteaux et dans les intervalles des rochers, cédant à la pente qui les entraînait, laissèrent à découvert des bancs calcaires ou granitiques naguères parés de verdure.

Mais, comme sous l'influence du cimeterre sarrazin, la population avait dépéri chaque jour à mesure que les terres étaient condamnées à la stérile fécondité de la nature sauvage; comme des efforts individuels n'auraient pu vaincre tous les obstacles qui semblaient rendre impossible la mise en culture d'un sol inégal et rocailleux, les conquérans libérateurs associèrent aux avantages de la conquête les principes de vie qui pouvaient seuls la leur rendre profitable, la religion, la liberté, le travail et l'esprit d'association, ou, en d'autres termes, les corps religieux, les paysans affranchis et les communes. De là sans doute cette division des propriétés poussée si loin en Provence, et qui a été un résultat nécessaire de la nature des lieux plutôt que l'application d'une maxime célèbre des agronomes anciens et modernes (1).

Nous avons nommé les plus illustres libérateurs de la patrie provençale. Aux Castellane et aux Grimaldi, il faut ajouter les Vintimille, les Pontevez, les anciens vicomtes de Marseille, et autres familles autrefois puissantes que leurs exploits mirent en possession de vastes domaines, et particulièrement de la grande forêt des Maures, dont les côteaux n'ont pas encore épuisé les efforts de l'industrie humaine. Conrad le Pacifique, ayant cédé aux comtes Guillaume et Ratbold toutes les terres conquises sur les Sarrazins, les deux frères puisèrent dans ce trésor de la conquête pour rattacher à leur dynastie les armes des vassaux et l'influence des prélats. De même que Grimaldi avait obtenu tout le périple du golfe de Saint-Tropez et peut-être aussi le comté d'Antibes, un autre guerrier nommé Rodoard reçut, dit-on, l'investiture du territoire de Grasse, et c'est à lui que les comtes de cette maison rapportent leur antique origine. D'autres seigneurs

---

(1) *Modum agri in primis servandum antiqui putavére; quippe ita censebant satius esse minus serere et melius arare. Quâ in sententiâ et Virgilium fuisse video* (a) *; verumque confitentibus latifundia perdidere Italiam, jam verò et provincias.* (Plin., lib. xviii).

(a)   *Laudato ingentia rura;*
    Exiguum colito.   (Georg., lib. ii).

C'est aussi l'opinion de l'économiste A. Smith, de l'agronome Young et de l'historien Muller, et ce système trouve sa démonstration dans l'exemple de la Sicile, de la Sardaigne et de l'Espagne.

obtinrent de semblables donations. « Lorsque la
» nation des païens eût été chassée du pays de
» Fraxinet, et que le territoire de Toulon eût
» commencé à se couvrir d'habitans et de colons,
» chacun se mit à envahir les terres, en ne consul-
» tant que sa propre puissance et sans égard pour
» les limites convenues. Il en résulta de vives que-
» relles entre les plus puissans. C'est alors que Guil-
» laume, vicomte de Marseille, et Pons de Fos,
» seigneur d'Hyères, allèrent vers le comte de
» Provence, et lui dirent : Seigneur comte, voilà
» que notre terre a été affranchie du joug des païens
» et remise en vos mains par une donation du roi
» (Conrad); nous vous prions de vous y rendre et
» de poser des termes entre les bourgs, les châteaux
» et les biens d'église (1). »

Dans la distribution des terres vacantes, le
clergé ne pouvait être oublié et ce fut un grand

---

(1) *Cùm gens pagana fuisset à finibus suis, videlicet de Fraxineto expulsa, et Terra Tolonensis cœpisset vestiri et à cultoribus coli, unusquisque secundùm propriam virtutem rapiebat terram, transgrediens terminos ad suam possessionem. Quapropter illi qui potentiores videbantur, altercatione factâ, impingebant ; sed ad invicem rapientes terram, videlicet Willelmus vicecomes (Massiliensis), et Pontius de Fossis pergentes ad comitem (Arelatensem), dixerunt ei : Domine comes, ecce terra soluta est à vinculo paganæ gentis, tradita est in manu tuâ donatione regis* (Conradi). *Ideò rogamus ut pergas illuc et mittas terminos inter oppida et castra et terram sanctuariam.* (Martenne, *Ampliss. collect.*, tom. I, pag. 370, *Diplom.*, an. 985.)

bien que la dépouille des Infidèles servit à doter des églises et des couvens. C'était l'époque d'une grande réforme monastique, qui, rappelant les religieux à leur primitive règle, leur faisait un devoir du travail comme de la prière. S. Mayeul qui partagea cette gloire avec Odilon, ne laissa pas sans doute languir dans l'oisiveté les cénobites qu'il rappela dans l'île de Lérins et dans les dépendances de ce monastère, dont le pape Benoît VII lui confia la restauration (1). L'abbaye de Saint-Victor-lez-Marseille eut part aux libéralités que le comte Guillaume ne manqua pas de faire à toutes les corporations religieuses de la province; et le monastère de Montmajor, récemment institué dans le territoire d'Arles, fonda dès-lors sa future opulence sur la donation d'un grand nombre de vallées incultes qui furent fertilisées par ses soins. Parmi les prélats qui relevaient de la métropole d'Aix, celui qui avait le plus de droits aux largesses de la conquête, était l'évêque de Fréjus, dont le diocèse avait eu tant à souffrir des dévastations musulmanes. Riculfe, abbé de Montmajor, qui fut appelé au gouvernement de cette église, trouva sans doute dans les libéralités de Guillaume les moyens de relever les ruines de la ville et de rebâtir sa cathédrale (2).

Les seigneurs ecclésiastiques et féodaux, subitement mis en possession de vastes domaines, appe-

(1) *Gallia Christiana*, tom. III, *in Instrum.*, pag. 191.
(2) Papon, *Histoire de Provence*, tom. II.

lèrent dans leurs déserts les étrangers qui consen-
tirent à subir les fatigues d'un défrichement laborieux. Les faibles redevances qu'ils en exigèrent,
la liberté qu'ils leur assurèrent, permirent bientôt
à ces courageux colons de se rédimer des droits sei-
gneuriaux ou d'en atténuer encore les charges. Une
foule de petites communautés bourgeoises se formè-
rent ainsi comme d'elles-mêmes, sans chartes octroyées
et sans rébellion, dans un temps où la France du
nord voyait à peine les libertés municipales éclore
dans ses plus grandes cités. Toute l'activité de
ces communes agricoles s'appliquant presque sans
partage aux travaux des champs, leur principale
affaire fut d'ouvrir des communications d'une vallée
à l'autre, et surtout de recueillir les eaux depuis
long-temps abandonnées à leur cours naturel,
pour les diriger sur des côteaux arides, ou vers les
usines nécessaires aux exploitations agricoles.

Cette population de propriétaires cultivateurs qui
ne connut jamais le poids du joug féodal, a toujours conservé l'amour du travail et la sobriété qui
sont pour elles des vertus nécessaires; elle a toujours
ignoré cette servilité obséquieuse qui vit encore
dans les campagnes de la vieille France; et le souvenir des Musulmans n'a pas peu contribué à nourrir
parmi elle cette ferveur de croyance que n'a pas attié-
die une récente et douloureuse persécution. Ce souvenir vit encore en Provence, dans les classes les plus
ignorantes et les plus insouciantes des temps passés.
Il n'est pas de laboureur qui n'ait, au moins une fois

dans sa vie, heurté avec sa bêche quelqu'une de ces larges briques sous lesquelles reposent les générations africaines qui ont dominé sur la Provence (1); et lorsque le voyageur demande ce que furent les ruines qu'il aperçoit sur la montagne, les femmes et les enfans lui répondent : *c'est là qu'était notre village du temps des Sarrazins* (2). Au milieu de ces ruines s'élève ordinairement une chapelle confiée à la garde d'un pieux ermite; cette chapelle fut jadis l'église du village qui n'est plus. Elle semble protéger les cendres des ancêtres que leurs descendans vont visiter chaque année, le jour où la fête de la paroisse vient leur rappeler ce devoir. Cette commémoration de la vieille patrie précède toujours des jeux où la gaieté préside, excitée par le son d'un instrument sarrazin (3), et il n'est pas rare qu'une danse de même origine donne encore plus de solennité à la fête (4). Ces fêtes religieuses et ces bruyantes joies sont le plus vivant témoignage de la domination étrangère et de la glorieuse délivrance.

---

(1) Les tuiles appelées *sarrazines*.

(2) Nous avons reconnu les ruines de plusieurs villes et bourgs qui sont descendus dans la plaine : Carnoule, Châteauvert, Cuers, Flassans, Forcalqueiret, Hyères, le Luc, Manosque, Tourves, et enfin le Val, que je me plais à citer avec un filial et tendre souvenir.

Quelques villages sont restés sur les hauteurs : tels sont le Canet, la Garde, Solliers - Hauteville, Six-Fours, etc.

(3) Le tambourin.

(4) Les olivètes.

Sarrazins
en Sicile,
827.

Long-temps avant que les Sarrazins d'Afrique eussent établi en Sicile la domination des rois de Kaïroan , d'autres Musulmans s'étaient montrés sur les rivages de cette île, et un de leurs chefs avait occupé la Calabre après plusieurs combats san-glans (1). La Sicile devait tenter l'avidité des pirates et l'ambition des émirs africains bien autrement que la Sardaigne et que la Corse ; et si cette île fertile succomba plus tard que les deux autres, elle en fut redevable à l'importance que les empereurs grecs attachaient à sa possession. C'est par la Sicile que la cour de Byzance contenait les villes maritimes de la Grande-Grèce, et les patrices qui la gouvernaient avaient entre leurs mains de puissantes ressources et surtout de nombreux vaisseaux qui rendaient ces ressources encore plus efficaces.

L'impudicité du roi Roderic avait livré l'Espagne aux Arabes ; le même vice, réuni à une folle ambi-tion, ouvrit aux Musulmans les portes de la Sicile. Un tribun, nommé Euphémius, venait d'épouser une jeune fille déjà vouée au Seigneur, espérant sans doute que l'empereur Michel le Bègue n'oserait punir dans un autre l'inceste spirituel dont il avait lui-même donné l'exemple. Mais l'ordre arriva de Constantinople d'appliquer au coupable toute la rigueur de la loi. Euphémius fut obligé de quitter la Sicile, mais avec l'espoir d'y rentrer en maître. Il se rendit auprès du roi aglabite de Kaïroan, qui,

---

(1) Ali Mustapha, *Chronol.*, *an.* 703, 704, *ap. Muratori*, tom. **I**.

gagné par l'espoir d'un riche tribut, mit à sa disposition cent vaisseaux et dix mille guerriers pour l'aider à se faire empereur. Le succès de l'entreprise dépendait du parti que prendrait Syracuse où l'usurpateur s'était ménagé des intelligences. Mais lorsque Euphémius s'avança sans escorte au pied de ses murailles pour inviter les citoyens à lui ouvrir les portes, il fut égorgé par deux frères qui avaient feint de sortir de la ville pour le saluer empereur (1).

Les Africains, découragés par ce coup imprévu, furent battus par les Grecs. Mais bientôt renforcés par un corps de Musulmans andalous, peut-être les mêmes qui venaient de conquérir l'île de Crète, ils vainquirent à leur tour, et restèrent maîtres de la partie occidentale de la Sicile. Le patrice Théodote périt en défendant Messine, et la prise de cette cité fut suivie, en 832, de celle de Palerme, qui devint la résidence des grands émirs que les princes aglabites envoyèrent pour régir et achever la conquête. Le premier de ces vice-rois fut Mohammed, fils d'Abdallah-Ben-Aglab, qui gagna la bataille d'Enna, où neuf mille Romains perdirent la vie (846). Son successeur, Al-Abbas, s'empara du château d'Enna, et bâtit la première mosquée dans la demeure des patrices (859). Enfin, Ibrahim-Ben-Mohammed, roi de Kaïroan, eut la gloire d'achever la conquête de l'île par la prise de Syracuse et de Tauromine, dans un temps où l'empire byzantin

____

(1) *Constan. Porphyrog. contin.*, lib. II.

avait recouvré sa puissance sur terre et sur mer, par les exploits personnels de l'empereur Basile le Macédonien, et par les victoires navales des thalassiarques Nicétas et Nasar.

La chute de Syracuse doit compter parmi les grands désastres dont l'histoire a gardé le souvenir. Cette cité eut le sort de Tyr, de Carthage et de Corinthe, qui, comme elle, avaient dû à la mer leur grandeur et leur opulence. Son malheur nous est raconté avec l'éloquence d'une chrétienne et patriotique douleur, par un moine qui assista à ses funérailles (1). Abandonnée à ses propres forces par la lâcheté du navarque Adrien, qui n'osa pas la secourir, Syracuse se défendit pendant dix mois de siége et de famine avec un héroïque courage. Elle succomba enfin; ses principaux citoyens furent égorgés avec leur patrice après la victoire; la foule du peuple, condamnée à la servitude, alla pleurer sa misère sur la terre africaine; la ville fut ruinée jusqu'en ses fondemens, et l'incendie, qui dévora ses temples, n'en a laissé que de faibles vestiges (878). « Cette cité, jusque-là illustre et glorieuse, qui avait » tant de fois repoussé les formidables attaques des » Grecs et des Barbares, n'est maintenant remar- » quable que par ses ruines (2). » C'est un contemporain qui faisait entendre ces regrets; c'est un prince

Prise de Syracuse, 878.

---

(1) *Theodosii mon. epistola de excidio Syracusarum, ap. Muratori*, tom. I, 2ᵉ. part., pag. 262.

(2) *Constantin. Porphyrog., vita Basil. Maced.*, c. 69.

qui, en écrivant l'histoire de son père Basile Iᵉʳ., gémissait à plus d'un titre de ce grand désastre qui avait flétri la vieillesse d'un empereur victorieux.

La prise de Syracuse inspira tant de confiance aux Sarrazins de Sicile, qu'ils crurent pouvoir secouer l'autorité des rois aglabites. Tauromine dut pendant vingt-cinq ans son salut à cette défection. Mais lorsque le fils d'Ibrahim eut ramené Palerme à l'obéissance, et puni les villes grecques de la Calabre de leur alliance avec les rebelles, ce roi de Kaïroan descendit lui-même en Sicile, et la bravoure de ses Éthiopiens le rendit maître de Tauromine (903). Que faisait la marine byzantine, pendant que la dernière ville de Sicile était arrachée à l'empire? Les soldats de la flotte bâtissaient un monastère d'eunuques où l'empereur Léon le Philosophe devait faire transporter les reliques de sainte Marie-Magdelaine; et pendant qu'ils perdaient leur temps à des travaux de ce genre (c'est encore Constantin qui parle), d'autres Musulmans pillaient Lemnos, et emmenaient en esclavage la population de cette île (1).

Lorsque les députés des villes d'Italie vinrent

---

(1) *Constant. Porphyrog.*, *vita Leonis*, c. 18. — *Martyrium Sti. Procopii episc. Taurom.*— *Johannes Diaconus, Vita Sti. Bertharii abbat. Cassin.*—*Chronic. arab. Cantabridg.*- Aboulfeda, continué par Sciohabeddin, *ap. Muratori*, tom. I, 2ᵉ. part. — Les auteurs grecs et latins sont rarement d'accord avec les chroniques arabes qui placent la prise de Tabermin (*Tauromine*) en 908.

demander la paix au féroce Ibrahim, il leur ordonna de disposer leurs concitoyens à la soumission, et d'annoncer sa prochaine arrivée dans la *ville du vieux Pierre*; c'est ainsi qu'il désignait Rome. Mais il échoua devant Cosenza, et sa mort, qui arriva peu de temps après, fut le signal d'une nouvelle révolte en Sicile. Les descendans des premiers conquérans ne voulaient plus subir les lois des princes africains; et l'usurpation du trône des Aglabites par les rois fatimites de Tripoli (9o8), venait en effet de rompre les liens légitimes qui avaient attaché la colonie à sa métropole. De là une longue et sanglante lutte entre les Sarrazins des deux partis, qui inspira aux chrétiens quelques généreux efforts pour recouvrer leur liberté, c'est-à-dire, pour changer de fers. Mais l'insurrection des Agrigentins, qui furent sur le point de prendre Palerme, ne servit qu'à faire éclater leur courage; et, après quatre ans d'une résistance héroïque, ils trouvèrent presque tous leur tombeau sous les magnifiques ruines de leur cité (1).

Descente en Italie.

Les menaces qu'Ibrahim avoit adressées à la cité de Pierre durent inspirer une juste terreur aux députés de l'Italie. Cette contrée savait depuis long-temps ce qu'elle avait à craindre du voisinage des Musulmans, et si la protection des empereurs carlovingiens et byzantins n'avait pu la préserver de leurs attaques, que pouvait-elle espérer des dynasties subalternes qui s'en disputaient alors la posses-

____

(1) *Asmodferi, ap. Muratori, an.* 936-941.

sion? Reportons nos regards en arrière, et nous verrons à quels dangers échappa de nouveau l'Europe chrétienne, lorsque la fureur musulmane vint porter le fer et le feu jusqu'au sein de la ville éternelle!

Avant que les Sarrazins eussent formé leur premier établissement en Sicile, les côtes d'Italie avaient été plus d'une fois insultées par ces pirates. Mais lorsqu'ils se furent rendus maîtres de Palerme, et qu'ils eurent fait de cette cité leur arsenal maritime et le rendez-vous de leurs flottes, alors le pillage des provinces littorales devint un système d'hostilités et le prélude d'une conquête préméditée qui n'échoua que par la vigilance des pontifes romains. Grégoire IV sentit le premier la nécessité de mettre à l'abri d'une surprise la capitale du monde chrétien, qui, par sa sainteté et le bruit trompeur de ses richesses, excitait au même degré le fanatisme et l'avidité des forbans de la Méditerranée. La prévoyance de ce pape ferma le Tibre aux navires musulmans, en relevant les fortifications d'Ostie (1). L'Italie méridionale, encore plus exposée que Rome aux attaques des Sarrazins, ne devait pas compter sur les secours de Constantinople. Si les empereurs avaient pu prêter un efficace appui à leurs possessions d'outremer, la Sicile aurait été sauvée avant toutes les autres. Mais depuis que les ducs de Bénévent avaient subi la souveraineté des rois francs, et

(1) *Anastas. Biblioth.*, *vita Gregor. IV*, an. 833.

que les villes maritimes de la Campanie s'étaient soustraites à celle de Byzance, était-il d'une saine politique que l'empire d'Orient dégarnît de vaisseaux ses côtes partout menacées, pour secourir des ennemis déclarés ou des sujets infidèles? Aussi Michel le Bègue « n'eut jamais souci des affaires d'Occident, » dit un de ses successeurs, et particulièrement de » cette partie de l'Italie restée soumise à la nouvelle » Rome (1). » Toutefois, malgré cet abandon, l'Italie méridionale aurait trouvé une sauvegarde suffisante dans la marine des cités grecques et dans l'énergie encore vivante des Lombards bénéventins. Mais le danger commun n'avait pas réconcilié les ducs de Bénévent et les naissantes républiques de la Campanie. Les premiers, depuis long-temps maîtres de Salerne, aspiraient à la domination des deux golfes que séparait le promontoire de Minerve. Déjà les ducs de Naples, abandonnés à eux-mêmes par la cour de Byzance, avaient subi l'humiliation du tribut, et l'ambitieux Sicard leur enleva Amalfi, dont la prospérité commerciale portait ombrage aux Salernitains, et présentait en face du tombeau de Pœstum le tableau de la plus active industrie (838). Pendant que ce tyran menaçait ainsi l'indépendance des Napolitains, leur duc André, trop faible pour se défendre, eut recours à l'alliance des Sarrazins de Sicile (2). Ce funeste exemple fut imité par ses en-

---

(1) *Constant. Porphyrog.*, *vita Basilii*, c. 52.
(2) *Johannis Diaconi Chron. episc. Neapol.*, *an.* 837.

nemis, et lorsqu'après la mort violente de Sicard (839), Radelchis et Siconulfe se disputèrent la principauté de Bénévent, ils appelèrent à leur aide, l'un les Sarrazins d'Afrique, l'autre les Musulmans d'Espagne. Radelchis offrit aux premiers des cantonnemens près de Bari, dont il venait de s'emparer, et leur chef Alfonse se paya bientôt de ses futurs services en se rendant maître par surprise de cette place importante (842). Siconulfe livra à ses alliés les riches campagnes de Tarente (842), et cette ville tomba peu de jours après au pouvoir de l'émir Abou'lfar (1). La guerre acharnée que se faisaient des deux princes rivaux devint, avec de pareils auxiliaires, une guerre d'extermination.

A la faveur de l'anarchie qui désolait l'Italie méridionale, les Sarrazins avaient fait un établissement dans l'île de Ponza (845). Mais ils en furent bientôt chassés par le consul de Naples, Sergius, qui réunit sous son commandement les vaisseaux de Gaëte, de Sorrente, et la flotte récemment construite par les Amalfitains, après qu'ils eurent déserté Salerne où les avait exilés la défiance de Sicard. La défaite des Musulmans irrita l'orgueil de l'émir de Sicile. Une flotte plus formidable que la première sortit du port de Palerme, avec l'ordre de ravager la côte tyrrhénienne, et sans doute aussi d'aller piller Rome. Après s'être emparés du château de Misène, les

---

(1) *Historiola Longobard.*, *ap. Muratori*, tom. **II**, pag. 265. — *Erchemperti chronic.*, *an.* 842. *Annal. Bertin.*

Sarrazins descendirent à Centumcelles, d'où ils se dirigèrent sur la cité pontificale, qui se trouvait alors sans pasteur (847). Les faubourgs de Rome furent livrés aux flammes, et l'église des saints apôtres éprouva toutes les profanations que le fanatisme peut suggérer à des barbares (1). C'est alors qu'éclata dans toute sa gloire le pieux héroïsme de Léon IV. Ce pontife venait d'être porté sur le saint siége par une élection tumultuaire, afin que Rome eut au moins un chef dans le pressant danger qui l'environnait. Il se mit à la tête des milices et des citoyens qu'il anima de son courage, et lorsque les Musulmans voulurent renouveler leur attaque avec des forces supérieures, ils furent repoussés et poursuivis jusque sur la plage où ils avaient amarré leurs vaisseaux. Prévoyant autant qu'intrépide, Léon ne négligea rien pour assurer désormais la défense de Rome. Avec l'assentiment et les secours pécuniaires de Lothaire (2), il fortifia par une double enceinte la vieille basilique de Saint-Pierre, et le quartier du Vatican, appelé depuis *Cité Léonine*, lui fut redevable de ses murs comme de son nom (3).

Les Sarrazins se dirigèrent vers Fondi qu'ils pillèrent, et bientôt Gaëte fut assiégée par terre et par

---

(1) Ce désastre a donné le sujet du tableau peint par Raphaël au Vatican, l'*Incendio del Borgo*.

(2)   *Nutu Domini francique juvamine regis.*
      (Frodoard, *De Pontif. romanis*).

(3) *Anastas. Biblioth.*, *in vitá Leonis IV.* Léon III avait eu la même prévoyance, mais son ouvrage ne fut pas achevé.

mer. Une armée de Spolétans, que Lothaire avait envoyée pour les combattre, fut battue et poursuivie jusqu'aux environs du Mont-Cassin. Ce chef-lieu des Bénédictins ne dut son salut qu'au débordement subit d'un torrent grossi par l'orage; bonheur inespéré, que la piété italienne attribua aux prières de l'abbé Bassacius (848). Gaëte fut redevable de sa délivrance au courage du jeune Césaire, fils du consul Sergius, qui pénétra dans le port à la tête des flottes de Naples et d'Amalfi.

Les Sarrazins, désespérant de prendre la ville, remontèrent sur leurs vaisseaux pour aller mettre en sûreté les dépouilles de Rome et des cités voisines. Mais ils ne devaient pas revoir la Sicile, ni jouir des fruits de leurs brigandages. « Sur le point d'arriver à » Palerme, ils rencontrèrent une barque montée par » deux hommes, dont l'un portait l'habit de clerc, » l'autre la robe de moine. — D'où venez-vous et où » allez-vous? dirent-ils aux Musulmans. — Nous re- » venons de la ville de Pierre, de Rome. Nous avons » saccagé tout son oratoire et pillé la contrée. Nous » avons battu les Francs et brûlé les couvens de Be- » noît. Et vous, ajoutèrent les mécréans, qui êtes- » vous? — Qui nous sommes? vous allez le savoir. » — Aussitôt éclata une tempête furieuse qui en- » gloutit tous les vaisseaux (1). » Pas un seul Sarrazin n'échappa du naufrage, dit la dévote chronique,

---

(1) *Historiola monachi anonymi coævi; apud Muratori,* tom. II, pag. 266.

excepté sans doute celui qui raconta ce miracle au moine du Mont-Cassin.

Ce désastre, s'il faut y croire, n'empêcha pas les pirates Siciliens de piller la même année la ville de Luna et toute la côte ligurienne, pendant que les Musulmans de Bari dévastaient la Calabre et la Pouille, et pénétraient dans le duché de Bénévent, en qualité d'auxiliaires de Radelchis. L'abbé du Mont-Cassin et l'évêque de Capoue adressèrent alors leurs *lamentables supplications* au jeune empereur Louis II, qui, dans une première expédition, en 850, se rendit maître de Bénévent après avoir tué dans un combat l'émir Amalmater. Mais il eut le tort de ne pas poursuivre ses avantages, pour avoir attaché trop d'importance à la querelle de Radelchis et de Siconulfe. Sa médiation souveraine amena la réconciliation des deux princes, et le traité qui intervint, en 851, sanctionnant la division du duché des Lombards, attribua à Radelchis Bénévent et le revers oriental de l'Apennin jusqu'à Gallipoli ; à Siconulfe, Salerne et le pays occidental compris entre Capoue et Tarente (1). Mais Landon le Vieux, gastald de Capoue, n'accorda au suzerain qui lui était imposé qu'une obéissance nominale, et, après la mort des deux rivaux qui arriva la même année, il s'arrogea l'indépendance sous la souveraineté de l'empereur d'Italie.

---

(1) *Instrumentum pacis de divis. princip. Benev.* ; ap. *Muratori*, tom. II, 2ᵉ. part. — *Leo Ostiensis*, lib. 1 ; c. 51.

La concorde un moment rétablie parmi les ducs lombards ne produisit pas le résultat qu'on devait en attendre, et l'audace des Musulmans n'en eut pas plus de retenue. Toute l'Italie méridionale fut abandonnée à une dévatation sans exemple. Toutefois, au milieu des horreurs d'une guerre sans pitié, le chef des Sarrazins, le féroce Massar, laissa échapper un sentiment de générosité digne d'une piété chrétienne. Un tremblement de terre venait de renverser les murs d'Isernia, et les compagnons de Massar l'engageaient à profiter d'un désastre qui lui livrait un butin sans dangers. « Hé quoi! répondit-il, le » Seigneur est irrité contre cette ville, et moi j'irais » encore ajouter à son malheur! Non certes, je ne le » ferai point (1). »

852. Pendant que Massar parcourait, en les dévastant, les campagnes du Bénéventin et de la Campanie, l'empereur présomptif entreprit de détruire la colonie de Bari. Mais, après un combat sanglant qui fut une défaite, puisque les annalistes contemporains n'en ont pas fait une grande victoire, ce prince rétrograda vers Bénévent, où Adalgise, plus heureux que lui, venait de se rendre maître de Massar, à la suite d'une bataille livrée sous les murs de sa capitale. Louis ordonna le supplice du chef qu'il n'avait pas su vaincre.

Un ennemi plus terrible encore que Massar arriva bientôt de Bari avec de nouvelles forces. Il s'appe-

____

(1) *Historiola Longob. mon. anony. coœvi.*

lait Saugdan ou Soldan (1), et ce nom lui était peut-
être venu d'une qualification connue, comme pour
attester la supériorité de son commandement et de
sa puissance. Ni les fréquentes expéditions des
Francs d'Italie, sous les ordres de l'empereur ou du
duc de Spolète, ni les efforts réunis des princes de
Bénévent et de Capoue ne purent chasser les Sarrazins du territoire lombard, qui pendant quinze ans
ne fut plus qu'une vaste solitude. Les villes d'Alife,
de Télésia, de Sepinum, de Bovianum, d'Isernia et
de Venafre furent alors détruites, et le duc Adelgise
ne sauva sa capitale qu'en payant un tribut garanti
par des otages. Le monastère de Mont-Cassin, défendu par de nombreux vassaux, échappa d'abord
à la rage des Infidèles, plus heureux que la colonie
bénédictine du Vulturne dont l'abbé Berthier ra-
cheta les ruines fumantes au prix de trois mille
pièces d'or (2).

Ainsi la cour de Byzance perdait ses dernières
possessions d'Italie sans pouvoir leur porter secours.
La nécessité où elle se trouvait de défendre l'Asie mi-
neure contre les khalifes de Bagdad et les îles grecques
contre les pirates candiotes, lui faisait négliger la Sicile et oublier l'Italie. Peu lui importait que Bari ap-
partînt aux Sarrazins ou aux Lombards. Mais cette

---

(1) Constantin Porphyrogenète le nomme Σολδανος, le
prêtre André *Soldanus*, et les autres chroniques latines,
Saugdan ou *Saogdan.*
(2) *Chronic. S. Vincentii de Vulturno.*

politique étroite faillit coûter cher à l'empire. Les Sarrazins d'Italie prétendaient à la domination de l'Adriatique, et déjà Ravenne et Raguse s'étaient ressenties de leur funeste voisinage. Mais jamais l'Illyrie grecque ne fut exposée à un plus grand péril de la part de ces barbares que le jour où une flotte de trente-six vaisseaux sortit du port de Bari sous la conduite de Saugdan, Samban et Alfonse, pour aller dévaster ses rivages. La plupart des villes maritimes qui avaient su défendre leur indépendance contre les Slaves furent alors pillées par les Sarrazins que Raguse vit une seconde fois devant ses murailles (867). Mais le courage que donne le désespoir ayant animé ses citoyens, la ville résista assez long-temps pour recevoir les secours qu'elle avait sollicités de Byzance. Basile le Macédonien envoya dans l'Adriatique une flotte de cent navires commandée par le patrice Nicétas, le premier homme de mer de son siècle. Les Musulmans prirent la fuite à son approche et rentrèrent à Bari où leur colonie était menacée par une ligue formidable qui avait à sa tête l'empereur des Francs et derrière elle toute la landwehr de l'Italie (1).

A la voix des Bénéventins, des Capouans et de tous les gastalds de la contrée qui lui représentaient leurs misères, Louis II s'était décidé à provoquer

______

(1) Constantin Porphyrogenète suppose que les Sarrazins s'emparèrent alors de Bari et de cent cinquante villes de la Calabre et de la Pouille (*Vita Basilii*, c. 55). Cette conquête datait de plus loin.

enfin un effort national pour la délivrance de l'Italie, et, laissant de côté les divisions de sa famille, il appela aux armes tous les comtes, tous les vassaux et tous les hommes libres depuis les Alpes jusqu'au Vulturne. Cette proclamation de guerre semble avoir servi de modèle à la grande levée de boucliers qui dans ces derniers temps affranchit la Prusse et toute l'Allemagne de la domination étrangère. Elle portait en substance : « Quiconque possède en biens-meubles la valeur de son weregild, partira pour l'armée. — Les pauvres seront employés à la défense des côtes et des places! frontières. — Les prélats et les comtes ou gastalds emmèneront tous leurs ministériaux sans pouvoir alléguer aucun privilége d'exemption; et les évêques ne laisseront chez eux aucun laïque. — Les hommes libres qui refuseront de s'enrôler perdront leurs biens et seront bannis; les comtes et les vassaux seront privés de leurs honneurs et bénéfices. — Il en sera de même des comtes, seigneurs, abbés et abbesses qui n'enverront pas tous leurs vassaux et serfs à l'hériban. — Les comtes veilleront à ce que la population se renferme dans les châteaux fortifiés. — Tous les gens de guerre apporteront avec eux une armure complète, des vêtemens pour un an et des vivres jusqu'à la moisson. — Ceux qui déroberont des armes ou des animaux domestiques paieront une triple composition et seront condamnés à l'harnescar (1) ou à la

____

(1) L'harnescar, *armiscara*, consistait pour les hommes libres à porter une selle sur le dos, en présence de l'armée.

flagellation, si ce sont des esclaves. — L'effraction, l'adultère, l'incendie et l'homicide seront punis de mort (1).

L'Italie se leva en armes à la voix de son empereur, et Louis, avant de commencer les hostilités, alla solliciter les prières des religieux du Mont-Cassin. Il reçut dans ce monastère les députés des villes lombardes et des républiques campaniennes qui lui apportaient, les uns de sincères doléances, les autres de trompeuses promesses. On devait s'attendre qu'il marcherait directement sur Bari. Mais la défiance que lui inspiraient les Capouans, dont la trahison ou la lâcheté avaient fait échouer la précédente expédition, le décida à s'assurer avant tout de l'obéissance des princes lombards. Il espéra que le châtiment de Landulfe retiendrait les autres dans le devoir, et Capoue expia par sa destruction l'audace d'avoir arrêté pendant trois mois l'armée impériale sous ses remparts. Cet acte de rigueur fit ouvrir devant Louis les portes des villes voisines; Gaïfre le reçut à Salerne, Adelgise à Bénévent. Les Napolitains venaient d'éprouver sa juste colère par la dévastation de leur territoire. Ils étaient accusés de fournir aux Musulmans des armes, des vivres et autres munitions de guerre. Naples servait de retraite aux Infidèles après leurs défaites, et *elle présentait l'aspect de Palerme ou d'une ville afri-*

______

(1) *Constitutio promotionis exercitûs observationis partibus Beneventi, an.* 866.

çaine (1). Les habitans avaient même chassé leur évêque Athanase, et mis aux fers les principaux citoyens, parce qu'ils voulaient les détourner de ces relations impies. Cependant l'empereur pardonna à cette république de marchands, qu'une honteuse soif du gain rendait insensible aux calamités de l'Italie.

867. L'armée, grossie dans sa marche par de nombreux auxiliaires, franchit enfin la chaîne de l'Apennin et descendit dans la Pouille. Les Sarrazins battus furent chassés de la plupart des villes qu'ils avaient occupées, et Matéra, leur plus redoutable forteresse, tomba pareillement au pouvoir de Louis qui en fit raser les murailles. En arrivant devant Bari, l'empereur victorieux comptait sur le concours nécessaire de la flotte grecque qui venait de délivrer Raguse. Mais la main de sa fille, briguée par Basile Ier., était la condition des secours de Byzance (2), et comme Louis n'amenait pas avec lui la princesse Ermengarde, le patrice Nicétas abandonna le blocus du port pour aller attendre dans le golfe de Corinthe les nouvelles instructions de sa cour (3). Elles

(1) *Epist. Ludovici imp. ad Basil.* Bouquet, tom. VII, pag. 572.

(2) *Constant. Porphyrog.*, c. 55.

(3) *Annal. Bertin.*, tom. VIII, pag. 106. — Suivant la Lettre de Louis II „ qui ne dit rien de cette circonstance, la cour de Byzance reprochait aux Francs leur petit nombre, le dégât commis sur les terres des Napolitains sujets de l'empire d'Orient, et les excès de table qui leur faisaient oublier les combats.

prescrivirent au *Gardien de l'Adriatique* (1) de mettre à rançon les tribus slaves qui reconnaissaient la suprématie des Francs, et dont les navires fidèles croisaient alors devant Bari. C'est ainsi, du moins, que les chroniques de France expliquent la défection des Grecs, qui obligea le monarque carlovingien à remettre à un autre temps le siége régulier de Bari et de Tarente, les deux seules villes importantes qui fussent restées au pouvoir des Musulmans. Les Sarrazins le poursuivirent pendant sa retraite (869), et poussèrent un parti jusqu'au mont Gargano où ils pillèrent le monastère de Saint-Michel dès lors célèbre par la vénération des fidèles qui s'y rendaient en pélérinage (2). Cependant Louis en se retirant laissa dans la Pouille une armée d'observation qui s'appuyait sur les deux fortes places de Venosa et de Canusium remises par ses soins en état de défense.

Cette armée, quoique peu nombreuse, ne cessa de harceler les Sarrazins que la défaite de leurs trois émirs avait sans doute fort affaiblis ; et la présence d'une flotte esclavonne que l'intérêt commun et de récentes injures attachaient à l'alliance des Francs, empêcha les Musulmans de Sicile de secourir leurs frères de Bari. Cependant la ville prolongea trois ans sa résistance ; elle ne succomba

Prise de Bari, 871.

---

(1) *Hadriatici freti servator.* C'est ainsi que l'appelle Louis II.

(2) *Annal. Bertin.*, an. 869.

qu'après l'arrivée d'une nouvelle armée que Louis commandait en personne. Le sultan de Bari, Saûgdan, tombé entre les mains des Francs, aurait dû expier par sa mort les vingt années de calamités qu'il avait fait peser sur l'Italie, et qui avaient donné aux provinces méridionales de cette contrée l'aspect de la terre après le déluge (1). Mais Louis eut la générosité d'épargner ses jours, et il ne devait pas tarder à s'en repentir.

La prise de Tarente aurait achevé l'expulsion des Sarrazins. Louis envoya un corps d'armée pour en faire le siége; mais la flottille que le stratége de Sicile commandait dans ces parages ne pouvait empêcher les Musulmans de ravitailler la place. Louis réclama donc l'assistance d'une force navale plus imposante. Il fallait, mandait-il à Basile, purger la mer Tyrrhénienne des navires napolitains qui portaient des secours aux Sarrazins de Palerme et de la Calabre; c'était le seul moyen d'affranchir entièrement l'Italie et de faciliter aux Francs le passage de la Sicile pour en chasser les Infidèles (2). Mais la lettre hautaine du vainqueur de Bari n'était pas de nature à rendre Basile favorable à ses projets, et la vanité de la cour byzantine trop grossièrement offensée empêcha l'accomplissement d'une entreprise qui, en affranchissant l'Italie, aurait peut-être sauvé Syracuse et délivré la Sicile. D'un autre

---

(1) *Erchemperti Histor. Longob.*, ap. *Muratori*, tom. II.

(2) *Ludov. imperator. epist. ad Basil. imper.*, tom. VII, pag. 572.

côté, Louis était pressé de rentrer dans ses états afin de recueillir, s'il était possible, la succession de son frère Lothaire, disputée par Charles le Chauve et Louis le Germanique, et que le pape Adrien II avait placée vainement sous la sauvegarde du saint-siége (1). Mais des circonstances imprévues ne lui permirent de conserver ni sa conquête ni son héritage.

Les excès commis par les Francs après leur victoire eurent bientôt fait oublier aux Bénéventins le service que venaient de leur rendre ces redoutables protecteurs. Adelgise prêta l'oreille aux propositions de la cour de Byzance, cédant peut-être à un mouvement populaire qui venait d'éclater en faveur des Grecs dans les principales villes de la Campanie, du Samnium et de la Lucanie. Pour empêcher l'Italie méridionale de retomber sous la souveraineté des empereurs d'Orient, Louis marcha contre Bénévent, et reçut les nouveaux sermens d'Adelgise, qui jura de *n'avoir jamais donné son assentiment aux cités défectionnaires.* Capoue dut à son évêque le pardon de sa résistance, et les autres villes reçurent des garnisons franques qui remplacèrent les troupes grecques. Cependant l'armée impériale demandait à rentrer dans ses foyers, et le duc de Bénévent persuada à l'empereur qu'il se concilierait les peuples en les délivrant du fardeau de l'occupa-

---

(1) *Hadriani papæ Epistol. ad Carol. Calv., ad Ludov. Germ. reg.*, etc., tom. VII.

tion. Le roi fut assez confiant pour ne garder avec lui qu'une garde peu nombreuse. Adelgise ne recula pas devant l'idée de violer, dans la personne de son souverain, la double majesté de l'empire et de la victoire. Louis fut attaqué dans son palais, où il soutint un assaut de trois jours ; et les Lombards, non contents de reprendre aux Francs le butin fait aux dépens du pays, poussèrent l'audace jusqu'à piller les bagages de l'empereur. Cependant Adelgise rendit bientôt la liberté à son prisonnier, en lui faisant jurer sur les reliques de ne jamais rentrer dans le duché de Bénévent et d'abjurer toute pensée de vengeance (1).

Loin d'oublier cet affront, Louis ne songea qu'à le venger. Le pape Adrien le délia de son serment, et le sénat de Rome déclara le duc de Bénévent ennemi de la république. Adelgise se disposa à une vigoureuse résistance ; mais le cœur et les moyens lui faillirent, et il se réfugia dans l'île de Corse (2). Le danger commun le tira bientôt de cet exil.

Dieu permit, disent les moines du temps, que pour punir l'injure faite au protecteur de l'Église, les Infidèles vinssent de nouveau ravager les terres des perfides Lombards. Une flotte partie de Sicile débarqua devant Salerne une armée que l'exagération des historiens, fidèle écho des terreurs populaires,

---

(1) *Annal. Bertin. et Mettens.*, an. 871, tom. VII, pag. 114 et 199.

(2) *Annal. Mettens.*, an. 872.

évalua à trente mille hommes(1). Adelgise, aidé de
deux comtes naguères rebelles qui fuyaient la colère
de Louis, livra aux Musulmans une première bataille
où ils perdirent trois mille hommes, et les lieute-
nans de l'empereur en défirent encore neuf mille
près de Capoue. A l'approche de Louis, qui *daigna
venir pour les combattre en personne* (2), les
Sarrazins affaiblis abandonnèrent les environs de
Salerne, et se dirigèrent vers la Calabre, où les
colonies musulmanes avaient repris l'offensive depuis la retraite de l'armée impériale. Les assiégés
de Tarente venaient de reprendre Bari (872), et
la Pouille était de nouveau envahie. Sur la côte
campanienne les Musulmans pouvaient compter,
sinon sur le concours au moins sur la neutralité de
Naples, de Gaëte, d'Amalfi et même de Salerne (3).
Dans l'intérieur des terres les Francs n'avaient plus
que des ennemis, et cette fois la défection, qui fit
passer les principautés bénéventines sous la souveraineté de Byzance, ne laissait plus d'espoir aux
Carlovingiens de ressaisir leurs droits méconnus (4).
Ainsi, par suite de l'invasion musulmane, trois
états tributaires furent démembrés de l'empire des
Francs. Mais les Lombards ne gagnèrent rien à ce

---

(1) *Erchemperti histor. Longob.* — *Chronic. Vultur-
nense*, etc. Le prêtre André dit vingt mille. (*Breve chronic.*, tom. VII.)

(2) *Chron. S. Vinc. de Vulturno.*

(3) *Erchemperti histor. Longob.*, c. 39.

(4) *Constant. Porphyrog.*, *vita Basilii*, c. 58.

changement de protecteurs, et lorsque, après de vains efforts pour les réduire, Louis repassa pour la dernière fois leur frontière, les Sarrazins se disposaient à venir brûler Bénévent. L'Italie apprit ce désastre en même temps qu'elle perdait le seul monarque qui aurait pu le venger (875).

Louis II avait du moins éloigné de Rome les calamités qui affligeaient les provinces méridionales de l'Italie. Après lui la capitale du monde chrétien et avec elle la civilisation de l'Occident furent de nouveau menacées. L'alliance des Sarrazins avec les villes de Naples, d'Amalfi et de Salerne (875), facilita à ces pirates un établissement durable sur la côte campanienne, et la nouvelle apparition du terrible Saugdan, à la tête des hordes sarrazines, annonça à l'Italie de nouvelles calamités. Les neuf cent moines du Vulturne trouvèrent leur tombeau sous les décombres de leur monastère, et le Mont-Cassin fut aussi livré aux flammes. On avait armé les serfs pour le défendre ; mais ces esclaves timides se dérobèrent aux périls du combat en fuyant dans le camp ennemi (1). Du Garigliano, les Sarrazins allèrent dévaster les environs de Tibur, les bords de l'Anio, le pays des Sabins, les deux rives du Tibre. En 875, la Campagne de Rome n'avait pu être moissonnée ; on ne sema point l'année suivante (2). C'est alors que le pape Jean VIII fit entendre à toutes les puissances du siècle les cris

---

(1) *Chronic. Vulturn.*, lib. III.
(2) *Johan. VIII variæ epistolæ.*

de détresse de l'Église. Il écrivait à Charles le Chauve, qu'il avait naguères couronné empereur : « Vous » dirai-je les maux que nous fait endurer la race » impie des Sarrazins? Le sang chrétien est répandu, » et ceux qui échappent au feu ou au glaive sont » traînés captifs dans un éternel exil. Les cités, les » bourgs, les villages périssent faute d'habitans, et » les évêques dispersés n'ont de refuge qu'auprès de » l'autel des Apôtres. Leurs Églises sont devenues » des tanières de bêtes féroces; ils errent çà et là » sans trouver un toit hospitalier. Voici le jour où » nous devons crier : *Heureuses les femmes stériles* » *qui n'ont pas enfanté* (1).

» Oh ! qui me donnera une source de larmes » pour plaindre tant de misère, pour pleurer la ruine » de la patrie ! Elle est assise dans la tristesse, dans » le désespoir, la souveraine des nations, la reine » des cités, la mère des Églises ! Ce jour est le jour de » tribulation et d'angoisse, le jour de calamité et de » désespoir (2). — Ne souffrez pas, écrivait le même » pontife au vice-roi d'Italie, que le peuple du » Seigneur soit violemment dispersé par les Agaré- » niens qui ont couvert toute la surface de cette » terre comme des sauterelles dévorantes, et réduit » le pays en solitude. La perte de cette cité serait le

______

(1) *Evang. sec. Luc.*, c. 23, v. 29.

(2) *Johannis papæ epist. ad Carol. imp.*, tom. VIII, pag. 469.

» malheur du monde et la ruine de la religion chré-
» tienne (1). »

C'est ainsi que Jean VIII exhalait une douleur
trop légitime. Mais sa voix implorait un monarque
qui était alors réduit aux pompes extérieures d'une
puissance déchue, et, lorsque Charles le Chauve prescrivit au duc de Spolète d'accompagner le pontife
dans une expédition en Campanie, le consul de Naples
refusa de rompre son alliance avec les Sarrazins,
bravant tout à la fois les menaces de l'empereur et
les anathèmes du pape (2).

L'interrègne qui suivit la mort de Charles le Chauve
rendit encore plus critique la position de l'Italie,
et Rome ne détourna de ses murs la fureur des
Musulmans qu'en leur payant un tribut annuel
qui mit le comble à sa misère (3). Quelle protection pouvait-elle espérer lorsque, pour contenir
l'anarchie, il ne restait pas même l'ombre d'un
pouvoir souverain? Les usurpateurs féodaux, des
évêques même, imitèrent l'exemple des seigneurs
français qui appelaient les Northmans au secours
de leurs brigandages. Les ducs de Spolète et de
Toscane, qui voulaient à tout prix établir leur ty-
rannie dans Rome, firent alliance avec la colonie
musulmane de Tarente qui devait leur envoyer ses

----

(1) *Epistol. ad Bosonem*, tom. VIII, pag. 470.

(2) *Chronic. S. Vincentii ad Vulturnum.*

(3) *Johannis VIII epist. ad Caroloman. regem Bavar.*,
tom. IX, pag. 160.

guerriers (1). Toutefois ce dessein impie n'arriva pas jusqu'au scandale de son exécution, et la prise de Syracuse par les Sarrazins suffit cette année à l'affliction de la chrétienté (878).

Vers la fin du neuvième siècle, les divisions des princes francs qui se disputaient la couronne impériale, et la guerre civile qui éclata presque en même temps entre les Sarrazins de Sicile et les Musulmans africains, permirent aux Grecs de rétablir leur domination en Italie. Tous les efforts des Infidèles s'étaient portés sur la côte occidentale, et ce fut par le rivage opposé que la puissance byzantine s'introduisit de nouveau dans l'intérieur de la péninsule. Le succès d'une expédition maritime y releva, vers l'an 880, l'honneur de l'empire d'Orient. Le navarque Nasar effaça dans les mers de Sicile la honte imprimée aux armes de Basile le Macédonien par la prise de Syracuse, et la destruction de la flotte de Palerme à Edda affranchit les villes littorales de la Lucanie et de la Pouille (2). Reggio et Tarente expièrent la fatale hospitalité qu'elles n'avaient pu refuser aux Musulmans victorieux, et il semble qu'il faut aussi rapporter à cette expédition

____

(1) *Johannis papæ VIII epist. ad Ludovic. Balb.*, tom. IX, pag. 158. — *Erchemperti Histor. Longob.*

(2) *Constantini Porphyrogenetæ, vita Basilii imperat.* — Chronique arabe de Cambridge, Muratori, tom. I, 2e. partie. J'ignore quel est le lieu appelé *Edda* par l'annaliste arabe.

navale la soumission de Bari à la souveraineté de Byzance.

La perte de la Sicile ayant obligé la cour d'Orient de reporter sur le continent d'Italie le gouvernement de ses possessions d'outre-mer, Bari devint le chef-lieu du *thême de Lombardie*, et fut assigné pour résidence au patrice impérial qui prit dès lors le titre de *Catapan* (1). La prospérité dont jouit bientôt cette ville inspira à ses habitans le désir de partager la liberté républicaine que s'étaient arrogées les cités de la Campanie, et elle fut un objet d'envie pour les ducs bénéventins, qui s'en emparèrent à la suite d'un mouvement populaire (887). Cette circonstance prouva à la cour de Constantinople combien peu elle devait compter sur la fidélité des princes lombards, qui, en se soumettant à sa suprématie, n'avaient eu en vue que d'échanger une suzeraineté hostile contre un patronage honoraire. Aussi, Léon le Philosophe, qui venait de succéder à son père Basile, prescrivit à son lieutenant Simbaticius de châtier l'insolence lombarde, et Bénévent fut pendant quatre ans occupé par les Grecs, qui en furent chassés à leur tour par les Francs, pendant la courte domination de l'empereur Gui de Spolète (894). La race des princes bénéventins, rétablie sur le trône ducal par la veuve lombarde de ce monarque, se continua depuis, impuissante et sans gloire, sous une suze-

---

(1) Ou *Capitan* ou *Catapontus*, suiv. Glaber Radulphe.

raineté que le caprice ou la nécessité faisait flotter de l'un à l'autre empire.

Vers ce temps, la puissance lombarde passa des ducs de Bénévent aux princes de Capoue, qui tentèrent les plus vigoureux efforts pour expulser les Sarrazins cantonnés dans leur voisinage. Acropoli, sur le cap Misène, avait été la première place d'armes de ces pirates. Ils s'étaient ensuite établis à l'embouchure du Garillan, où les avait appelés le consul de Gaëte, Docibile, qui voulait les opposer aux Capouans (881). Leur camp devint bientôt une ville qui fut, pendant trente ou quarante ans, la terreur de toute la contrée. Les postes d'Acropoli, de Getra, et quelques autres encore, dépendirent de cette colonie.

Lorsque Aténulfe eut réuni sous ses lois les deux principautés de Bénévent et de Capoue, il entreprit de détruire ce repaire de brigands. Mais il ne put y réussir, malgré le concours de toutes les cités campaniennes (900). La gloire d'achever cette entreprise à la fois patriotique et chrétienne était réservée au chef de l'Église. Il fallut que Jean X armât l'Occident et l'Orient pour chasser une troupe de pirates. L'empereur Constantin-Porphyrogénète envoya, sous les ordres du patrice Picingli, un corps de Grecs qui fut renforcé à son passage par les Lombards des trois principautés, et dont les flottes des trois républiques devaient seconder les opérations. Le pape arriva de son côté à la tête des vassaux de l'empereur Bérenger conduits par les ducs de Spolète et de Toscane, et la colonie du Garillan fut assiégée sur les deux rives du fleuve (915). Les Sarrazins se défendirent trois mois avec un courage indomptable. Mais, désespérant de résister plus long-temps à une attaque si formidable, ils s'évadèrent de leur forteresse à la faveur d'un incendie qu'ils avaient allumé. Atteints dans leur fuite par les confédérés, ils périrent tous en combattant (1).

Cette victoire fut pour la côte tyrrhénienne ce que devait être un demi-siècle plus tard pour celle de Provence la prise du château de Fraxinet. Cependant elle n'affranchit pas entièrement l'Italie, puisqu'en 969 le pape Jean XIV fut obligé de recourir à la marine du roi dalmate Sviatopolk pour chasser les Sarrazins établis sur le Mont-Gargano (2). D'un autre côté, les colonies musulmanes de Reggio et de Cosenza, bien que réduites au rôle obscur d'auxiliaires, fournirent encore long-temps aux chrétiens les moyens de s'entre-détruire.

Depuis que la Sicile s'était rendu indépendante de l'Afrique, les pirates barbaresques agissaient isolément, et tournaient surtout leurs efforts contre la côte ligurienne. Ils surprirent et pillèrent Gènes, en 936, pendant qu'un de leurs émirs se rendait maître de Tarente; et tout porte à croire que les Sarrazins espagnols de Fraxinet furent souvent renforcés par des Maures d'Afrique. Pareillement les Musulmans d'Espagne voulurent partager avec leurs

---

(1) *Leo Ostiensis*, lib. 1, c. 51.
(2) *Platina, in vitâ Johannis XIII* (XIV).

frères de Kaïroan la dépouille de l'Italie. Lorsque, dans les premières années du onzième siècle, nous retrouverons les Sarrazins dans les faubourgs de Pise (1005) et sous les murs de Salerne (1006), ces Sarrazins seront encore des Espagnols. Cette époque sera vraiment glorieuse pour les armes chrétiennes; elle annoncera la grande réaction qui devait faire prévaloir l'Europe sur l'Afrique, l'Évangile sur le Koran.

FIN.